DESCRIZIONE DELLA VILLA VALGUARNERA

IN PALERMO MDCCLXXXV.
DALLE STAMPE
DI D. GAETANO M. BENTIVENGA.
Con Approvazione

Giuseppe Gramignani inc.

In the interest of creating a more extensive selection of rare historical book reprints, we have chosen to reproduce this title even though it may possibly have occasional imperfections such as missing and blurred pages, missing text, poor pictures, markings, dark backgrounds and other reproduction issues beyond our control. Because this work is culturally important, we have made it available as a part of our commitment to protecting, preserving and promoting the world's literature. Thank you for your understanding.

Beatus ille, qui procul negotiis,
(Ut prisca gens mortalium)
Paterna rura bobus exercet suis
Solutus omni fœnore.
                              Horat. Epod.

DESCRIZIONE
DELLA VILLA
VALGUARNERA.

E' STATO sempre costume delle più culte, e civili Nazioni, in certi tempi dell'anno abbandonare lo strepito, e il lusso delle Città, e ritirarsi a godere della quiete, e libertà della Campagna; perciò si sono colà formati allegri, e comodi Alberghi, ed alcuni con tanta magnificenza, e splendore, che oltre aver superato quelli delle Città più famose, sono anche giunti a passare in proverbio. Fra queste non va esente la Nobiltà Siciliana, che nelle Campagne sue suburbane à piantato i più ameni, e deliziosi Giardini, ed à innalzato i più suntuosi Edifizj; e specialmente la Casa Valguarnera nella sua Villa della Bagarìa, di cui noi ci siamo proposti di brevemente parlare.

LA VILLA della Principessa di Valguarnera, posta nelle Campagne della Bagarìa, nove miglia distante dalla Città di Palermo, è una delle più belle, e più magnifiche dell'Isola, e Regno di Sicilia, non solo per la grandiosità, e ampiezza dell'Edifizio, ma ancora per l'amenità, ed eminenza vantaggiosa del sito.

ENTRASI in questo luogo di delizie per un vasto Portone, composto di due gruppi di Colonne Doriche, sopra ciascuno de' quali posa un Vaso di antico disegno: chiudesi con Cancellata di ferro elegantemente intersiata; e nell'architrave di essa vededefi in metallo dorato lo Stemma della Famiglia.

QUI principia un lungo, e ben largo Stradone fiancheggiato da muraglie, di diftanza in diftanza, divife da Pilaftri foftenenti un Vafo di pietra: a mano finiftra, un Pomario di rari, e copiofi frutti; ed a mano deftra, una Selva di vivi Ulivi piantati a difegno. In mezzo a quefto Stradone forge un Arco Trionfale divifo in tre, e termina con Balauftro ornato di Statue. Oltre paffando incontrafi una Nicchia incroftata di marmi di color diverfo; e in fondo, sù piedeftallo, il Bufto della Principeffa Anna Valguarnera, che fin dall'anno 1714. ful difegno del celebre Matematico, e Architetto P. Tommafo Napoli Domenicano, fece gettare i primi fondamenti di quefta fua Favorita.

IN CAPO al menzionato Stradone trovafi un Atrio, che dà l'ingreffo, da un lato, a un ameno Giardino; dall'altro al Cortile, che conduce al Teatro, difpofto, e dipinto con ottimo gufto, ed arricchito di varie,

e pare particolari decorazioni : in prospetto mostra la superba , e nobil Facciata del Palazzo di disegno Corintio , fiancheggiata da un grandioso Portico di figura Ellittica , sostenuto da trentasei Pilastri d' ordine rustico , sopra de' quali posano altrettanti Archi : termina in cima con due ariose Terrazze difese da doppia Balaustrata , con Vasi di ottimo gusto .

L' ALA destra del Portico racchiude comodi Alloggiamenti per Servitù , Officine , Scuderie , e Rimesse ; l' Ala sinistra , quattro Appartamenti adorni di Pitture , e corredati di Alcove , Gabinetti , e Sale tanto per Ballo , che pel Giuoco del Trucco . Quivi pure è compresa la Chiesa di elegante architettura , adorna di vaghi , e fini Stucchi messi a oro . Nell' ingresso sonovi due pile di marmo porporino per l' Acqua benedetta ; e in faccia la Tribuna ornata alla Mosaica. L' Altare è formato di bellissimi , e rarissimi marmi commessi a disegno ; la Croce , e lo Zoccolo sono di Agata corallina legata in bronzo dorato ;

Il Quadro, che vien portato da varj Serafini, è una tavola colorita dal dolce, e delicato pennello di Federico Baroccio; rappresenta Nostra Signora col Bambino in braccio, e S. Giovanni Battista fanciullo. Non si può vedere la più fresca, e affettuosa cosa di questo Quadro. In faccia, sopra la porta della Chiesa, vi è dipinto in tela da Michelangelo Buonarroti Disegnatore dottissimo, ed apritore, nella pittura, della via più terribile, Mosè sdegnato, in atto di rompere le Tavole della Legge, per aver trovato il Popolo Ebreo caduto nella Idolatria. La mossa fiera della Figura, gli occhi, ed il volto acceso, e l labbri così rigonfj; tutto in una parola è talmente espressivo, e terribile, che può dirsi di questa sua Tela, come altri ottimamente disse di quel suo Marmo, che ammirasi nel Reale Cortile de' Pitti:

E vive, e pronte
Le labbra à sì, che le parole ascolta.

USCEN-

USCENDO dalla Chiesa, e ritornando nel Portico, si vede in fondo la Porta principale del Palazzo, che introduce negli Appartamenti terreni. Sopra di essa il Busto del Principe D. Pietro Padre del Presente, Giovane amabile, generoso, e gentile: e sù piedestallo quattro Statue marmoree rappresentanti le quattro Stagioni, modellate su quelle, che nobilitano il Ponte a Santa Trinita di Firenze. A piè di queste principiano allo scoperto due Scaloni di granito, che di piano in piano gradatamente incurvandosi, vanno a finire in una Loggia, che fa Antisala al Salone del piano superiore. Torreggia poi sopra il fastigio della facciata l'Arme della Casa sostenuta da due grandi Statue sedenti; e in cima del Cornicione, che recinge tutta la mole dell'Edifizio, varie bellissime Statue, e gruppi di Genj, che portano Aste, Scudi, Cimieri, ed altre insegne militari. Giovanbattista Cassone, e Vincenzio Fiorelli sono stati gli Architetti, e Disegnatori di questa nobil Facciata.

DAL

DALLA LOGGIA si entra nel Salone di figura rotonda, che con Colonne Corintie sostiene un vago Ballatojo, che gli gira all'intorno. Negl' intercolunnj sonovi dipinti dal vivo pennello del Cavalier Serenario gl' Illustri Antenati della Famiglia.

QUA' vedesi Pietro Valguarnera estinto nella battaglia, che diede Carlo Magno ai Mori nell'Anno di Cristo 774. Là Simone, e Vitale, che nel 1397. con Fanti, e Cavalli, in compagnia del Re Martino vengono alla conquista della Sicilia, per cui da quel Principe ebbero in premio l'antichissima Città di Assoro, e suo Territorio. Più oltre il Principe D. Saverio, Padre della presente Principessa, che pe' servigj prestati alla Corona di Sardegna, da quel magnanimo Re Vittorio Amadeo viene creato Generale della Nazione Svizzera, ed insignito dell' Ordine Reale dell' Annunziata. Quindi i Fratelli di lui D. Emanuello, prima Ambasciatore alla Corte di Spagna, e poi Vicerè in Sardegna, e Gran Croce degli Ordini di S. Maurizio, e dell' Annunziata; ed il Principe D. Pietro, che tanto si segnalò colla sua vigilanza, e accortezza alla testa delle sue Truppe ne' confini della Savoja, allorchè nel 1720. la Pestilenza di Marsilia minacciava l'Italia; come ne' sanguinosi conflitti di Lombardia: e di ritorno in Patria, ingrandì, ed ornò le sue Ville, e Palagj, resi albergo generoso di ospitalità non solo a' suoi Concittadini, ma anche alle Nazioni straniere, che da remote Contrade frequentemente intervengono allettate dagli antichi Monumenti di questa Terra beata; e dalle Piante, Minerali, e Sassi liquefatti dell' Etna.

FINALMENTE viene la presente Principessa Maria Anna, Nipote, e Consorte del predetto Principe D. Pietro, ed erede di sua Famiglia, Dama non solo adorna delle grazie del sesso, e di soavi costumi; ma anche di genio singolare per le Scienze, e belle Arti. Ella à impiegato i migliori Artefici di Sicilia, e d'Italia per compire, e nobilitare questa sua grandiosa sa Villa, ed arricchirla di quantità di Statue, Pitture, Porcellane, e superbe Supellettili: avendovi erogato somme confiderabili per acquistar le medefime, e trasferirle da lontani Paesi. Ora à rivolto il penfiero a maggiormente nobilitare il suo Palagio di Città, trovandofi già terminata una gran Terrazza, che cammina in Piano col fuo Appartamento nobile, avendola arricchita di Marmi, Fontane, Busti, Statue, e Bassi rilievi: in alcuni de' quali veggonfi valorofamente scolpiti da Gaspero Ferrajuolo discepolo del rinomato Serpotta, il Naufragio di Leandro nello Stretto dell'Ellesponto preffo le Spiaggie di Sesto: in altri il Rapimento di Elena: in altri il Ritorno di Uliffe in Itaca, ed in altri, altri belliffimi fatti tanto storici, che favolofi.

RIPIGLIANDO il filo della nostra Descrizione, diciamo, che questo Salone introduce in diversi Appartamenti, e tutti magnifici. Uno di questi è ornato di moltiffimi Quadri coloriti da antichi Pittori Siciliani, tra quali

B 2 di-

distinguesi Pietro Novelli, detto volgarmente il Monrealese, per l'esattezza del disegno, e naturalezza delle tinte, che à sapute maneggiare nell'Estasi di un S. Domenico, ed in un S. Pellegrino, che sta orando innanzi la Beata Vergine.

DI RISCONTRO a questo vi è altro Appartamento dipinto a quadratura. Sopra le Porte, e Balconi sonovi varj Paesaggi, Marine, Pescagioni, e Siti freschi così ben fatti, che vi stimolano a passeggiarvi dentro. Ne' fondi delle riquadrature, e tra un Balcone, e l'altro sonovi diversi pezzi di Architettura antica, come Vasi Etruschi, Colonne scannellate, e Capitelli spezzati.

IN UNO di questi vi è il Sepolcro dell'immortal Conte Algarotti, che in fino marmo gli fu fatto erigere in Pisa dall'Amico suo, e suo Mecenate Federico il Grande. Il disegno di questo Sepolcro fu principiato da Mauro Tesi diligente, ed erudito Pittore, che sopragiunto dalla morte, fu perfezionato con maestria, e

fe-

felicità da Carlo Bianconi illustre Architetto, e Pittore, che fece anche il modello bellissimo della Statua di Pallade giacente afflitta sopra l'Urna: e la Testa del Conte Algarotti con a lato la Lira, ed il Compasso, segni allusivi a i poetici, e filosofici suoi studj.

DA QUESTA Stanza si passa in altra riccamente addobbata, e adorna di finissimi Stucchi dorati, e Pitture singolari. Sopra due grandi Specchi guarniti di ricchi intagli, in uno vi è dipinto Abrocome, ed Anzia in un vago Paese a vista di Efeso, e del Mare, i quali s'incontrano insieme alle Feste di Diana, e l'uno s'innamora dell'altra, che è il principio appunto del bel Romanzetto Greco di Senofonte; e questo medesimo sogetto si crede, che sia stato dipinto dal Raffaello dell'antichità, il grande Apelle. Nell'altro rappresentasi un luogo di Sepolcri, sopra di un'altura, non discosto da Siracusa, la quale torreggia di belle fabbriche col Mare nell'indietro. In questo vien figurata la Scoperta del Sepolcro di Archimede per aver egli

get-

gettato l'occhio alla Sfera, ed al Cilindro, che vi erano scolpiti sopra, e che spuntavano fuori dalle prunaje, in mezzo alle quali si ritrovava il Sepolcro.

QUESTE due singolari Pitture furono ideate dal menzionato Conte Algarotti; ed ora girano per le mani degli Eruditi incise in rame dal dolce Bulino di Giovanni Volpato valentissimo Artefice.

IN MEZZO alla volta della Stanza, contornata di Stucchi dorati, si vede francamente espresso, e con vivezza particolare Ercole giovanetto lasciato da Fronimo al Bivio, nel punto istesso, in cui sta per cedere agli allettamenti, ed alle lusinghe di Edonide Dea della voluttà. All'ingresso della Strada della Gloria comparisce Areta, o sia la Virtù, per ritrarlo dalla ingannevole via del piacere. Questa, accompagnata da Genj suoi seguaci, che recano ad Ercole varj arnesi militari, indica al Giovane Eroe la strada disastrosa, ch'ei dever correre, e gli mostra della civica Co-

ro-

rona il premio, che lo aspetta al termine della difficil carriera.

QUESTA bellissima Pittura è stata cavata da un Rame inciso dal dotto Moreau il giovane, per secondare il bellissimo pensiero di Metastasio in quel suo non meno bello, che naturale Dramma intitolato *L'Alcide al Bivio*.

OLTRE le Pitture, che si ammirano in questo Appartamento, sonovi anche Porcellane, Gruppi, e Statue prese da disegni antichi, ed eseguite con gran maestria. In fondo a questo Appartamento vi sono diversi Gabinetti ammobiliati, e dipinti alla moderna, e per questi si va nelle due Terrazze, che fanno corona al già descritto Portico.

DAL PIANO superiore scendendo pe' due divisati Scaloni, si entra nel Salone terreno, dove veggonsi appesi alle Pareti molti Quadri rappresentanti Fiori, Uccelli, Caccie, ed Animali quadrupedi d'ogni specie. L'Autore è stato un certo Giandomenico Osnago chiamato il Milanese. In questi

sti Quadri si scorge una gran finezza accompagnata ad una grande intelligenza, e imitazione perfetta della Natura.

A MANO destra s'incontra un Appartamento dipinto a quadratura. Sopra le Porte, e tra le lunette delle volte sonovi coloriti a chiaroscuro in fondo azzurro bellissimi fatti presi da Poeti, e Scrittori antichi. Vedesi Enea in atto di fuggire da Troja col Padre Anchise, gli Dei Penati, ed il Fanciulletto Giulio, che

Sequitur... patrem non passibus æquis.

ed in alto la Luna, per significare, che questa fuga seguì in tempo di notte. In altro luogo Polinnia, che accorda la Cetra al canto di Apollo, colle parole:

LE TRE Grazie prese da quella Stampa di Carlo Maratti, detta la Scuola: dove è simboleggiato ciò che è necessario ad apprendersi dal Pittore, perchè ei divenga eccellente nell'arte sua; ed à poste le tre Grazie

zie nell'alto di quella, col motto:

Senza di noi ogni fatica è vana.

ed altre moltissime, e tutte di Autori di grido.

NE' CANTONI della prima Stanza, sopra Zoccoli di Portovenere, quattro Busti di fino marmo scolpiti con singolar maestria. Il primo è Dante Alighieri Signore del Canto, Padre della nostra Poesìa, e Formatore della Lingua Italiana. Il secondo è Francesco Petrarca Poeta dolce, elegante, e gentile. Il terzo, il suo grande Amico Giovanni Boccaccio Principe della Toscana Eloquenza, e Pittore inimitabile del costume di quella età. Il quarto finalmente, Niccolò Machiavello Storico, Poeta, e Conoscitore profondo del Cuore umano.

ENTRASI da questa in altra Stanza, che in pittura rappresenta un Tempio antico ornato di Pilastri, sopra de' quali posa un soffitto preso dalle rovine del Tempio del Sole della Città di Palmira. Nel disottoinsù di esso vi è il Sistema Planetario dei Tem-

gli Antichi: con in giro i dodici Segni del Zodiaco. Ne' quattro lati del Tempio sù Piedeſtallo ſcolpiti in marmo Galileo Padre della moderna Sapienza Toſcana: Metaſtaſio, il Sofocle di queſta noſtra età, che colla ſua penna incantatrice à portato al più alto grado di perfezione la Poeſia Drammatica; e colla verſione in noſtra lingua di quel Capo d'opera della Poetica di Orazio, à mirabilmente adombrato ſe ſteſſo alla Poſterità: Giacomo Cook, che co' ſuoi triplicati giri del Globo à ſciolto ogni difficoltà Nautica, e Geografica; à ampliato conſiderabilmente la Storia Naturale; ed à fiſſato per ſempre i veri confini della Terra, e del Mare: in ultimo l'immortal Neutono ſplendore ſublime della verace Filoſofia, autore del Siſtema della Luce, e profondo inveſtigatore delle Leggi della Natura, con cui eſſa regge, e governa l'ampio Univerſo.

RITORNANDO in Sala trovaſi in faccia a queſto altro Appartamento colorito a ſtile Greco, arricchito di belle Figure preſe dall'Ercolano. Qui ancocora sono quattro Busti rappresentanti quattro famosi Sapienti dell'antichità Siciliana. Epicarmo Filosofo, e Poeta rinomato, primo Inventore, e Ordinatore della Commedia; e perciò Siciliana è la sua origine. Teocrito Maestro della Poesia Campestre. Archimede Padre, e Principe delle Matematiche. E l'Istorico Diodoro, che ci à forniti di rare, e moltiplici notizie Puniche, Greche, ed Egizie. Questi rarissimi Busti marmorei sono stati copiati sopra Medaglie esistenti nel Mediceo tesoro antiquario.

LA STANZA contigua a questa è superbamente addobbata, ed ornata di Specchi, ed arricchita di eleganti Stucchi messi a oro fino, e di Pitture rarissime, fra le quali risaltano quattro Teste di Filosofi antichi, e due mezze Figure dell'altezza di tre palmi in pastello, assai vaghe; e tutte della Rosalba. Una rappresenta la Giustizia, e la Pace, l'altra la Semplicità, e la Prudenza: Sono così delicate, e così morbide, che alcuno direbbe: Queste son colorite da Wandik, ed animate te dall'espressione del Domenichino.

SI ammirano ancora ne' Cantoni, e sopra tavolini di pregiatissimo marmo Vasoni, e Cornucopie di antica Porcellana Cinese, e Statue copiate da Greci originali. Quivi è un' Alcovina con Istucchi dorati, Pitture capricciose, e di gusto nuovo, e bello. Per un lungo Corridore, che resta dietro l'Appartamento si va alla Chiesa, come dall'Appartamento opposto, per altro Corridore confimile si va al Teatro.

DA QUESTI due accennati Appartamenti, come dal Salone, che gli divide, si entra in un allegra, e superba Galleria di figura quadrolunga rappresentante una gran Loggia di Architettura Corintia, colorita dal diligente pennello de' due Fratelli Fumagalli, e figurata dall'esatto Copista Elia Interguglielmi Napolitano.

NEGL' INTERCOLUNNJ di essa sonovi dipinte al naturale le celebri Scoperte fatte ultimamente da i rinomati Nocchieri Inglesi Birone, Wallis, e Cook; disegnate dal Pussino dell'Inghilterra William Hodges, che fu loro ro compagno nel giro del Globo.

LE PITTURE principali fono sei. La Regina Oberèa accpmpagnata dalle fue Damigelle, e fuoi Servi, in atto di rinunziare l'Ifola di Taiti Metropoli dell'Ifole del Mar del Sud, al Capitano Wallis. Ella à indoffo una vefte di color celefte fatta di fcorza d'albero, aperta folo ne' fianchi: ne' piedi fcalza, e in capo per ornamento una penna color di porpora; ed in mano una lunga Palma in fegno di pace. Le Damigelle da' fianchi in sù affatto nude, e da' fianchi infino al ginocchio una fpecie di gonnellino bianco ornato con varj arabefchi. I Servi, ed il reftante del Popolo parte affatto ignudo, e parte coperto nelle fole parti naturali con ftoje fatte di giunco. Nell' indietro di quefta Pittura fi vede una gran Capanna piena di gente: quefta è fatta di Pali, che foftengono un Tetto coperto con larghe foglie, e aperta all'intorno; in lontananza montagne, e colline amenifsime, e tutte alberate; e quà, e là cafcate di limpidifsima acqua: tutto è animato da una quantitità prodigiosa di Animali, e di Uccelli coperti di vaghissime piume, ed un verde smeraldino brilla dappertutto, di maniera che v'inviterebbe un Bottanico a andarvi dentro a erbolare.

LA SECONDA, una gran Sala composta di grosse travi disposte a modo di loggiato, che reggono un tetto coperto di foglie: in terra vedesi stesa una grande stoja tessuta di giunchi di diverso colore: tra una Colonna, e l'altra in lontananza la Campagna adorna di bellissimi alberi carichi di frutti, e collinette deliziose, con Capanne quà, e là disperse senza ordine, ma che fanno all'occhio una bella veduta. In questa Sala rappresenta il Pittore una festa di ballo secondo il costume del Paese. La Regina con veste, che le cade fino al ginocchio; e nel rimanente nuda; balla con due Donzelle senza altra veste, che un gonnellino, che le arriva al ginocchio: attorno de' fianchi un ornamento tutto pieghettato, e ornato con piume: una di esse tiene in mano due mazzetti di fiori, e l'altra suona le Nacchere,

men-

mentre ballano a tempo di fuono, e in cadenza muovono le braccia, la testa, e tutto il corpo con fomma grazia, e leggiadria, che incantano chi le mira:

Illa placet geftu, numerofaque brachia ducit,
Et tenerum molli verfat ab arte latus.

IN QUESTO mentre varj di quegl'Indiani ftanno fuonando chi il Tamburo colle dita, chi il Piffero col nafo; attorno gran gente accorfa per vedere la fefta, ed i Foreftieri da effi non più veduti. Questo Ballo fu veduto dal Capitano Cook a Vlietèa una delle fette Ifole dette della Società.

LA TERZA un attacco, che ànno gl'Inglefi co'Selvaggi dell'Ifola di Erromango una delle nuove Ebridi. L'ardire, e coraggio di questa gente nuda, che già à tirato a terra la lancia a fronte di un fuoco vivo; e di molti tra loro feriti: le moffe, i gefti, chi di vendetta, chi di collera, ed anche di ftupore per la novità degli oggetti; e in fine le Figure tutte, quantuntunque numerosissime, sono nel Quadro così ben disegnate, e disposte, che per la giusta loro simmetria tanto nelle membrature, che per la Scienza anatomica potrebbero servire di modello, e di regolo ad ogni Artefice di Pittura.

LA QUARTA, lo Sbarco a Middelburgo una dell'Isole dette degli Amici. Qui pure scorgesi nel Pittore nuova abilità, e gentilezza nel disegnare l'accoglimento amichevole, e generoso, che fanno questi semplici, ed innocenti Indiani all'arrivo degli Europei. Giovani, Vecchi, Donne, e Donzelle tutti corrono in folla alle rive del mare carichi di ogni sorta di frutti, e rarità del Paese, che generosamente esibiscono a' loro novelli Ospiti. Ciò, che sopratutto sorprende, si è la bellezza singolare di questa fortunata Nazione; e specialmente del bel Sesso: e così bene esposta nel Quadro, che sembra aver fatto appunto come quel Dipintore, che ebbe ignude dinanzi a se le Fanciulle Calabresi per copiare dalle membra di ogni una le
più

più perfette, e poi unitele infieme, moſtrare, qual doveſſe eſſere la bellezza di Elena.

LA QUINTA dimoſtra la Coſta meridionale della Nuova Zelanda. Le Piante, gli Alberi, e tutta la Campagna non è coſì amena, gentile, e ferace come le deſcritte, ma tutto aſpro, ſterile, e ſelvaggio. La piccola Famiglia, che ſi ritrova alla Spiaggia è di un color caſtagno chiuſo, e ſembra di forte, e robuſta corporatura; ed à la faccia, come tutto il reſtante del Corpo pieno di ſegni inregolari, e capriccioſi, il che gli rende ſommamente deformi. Sono coperti con un pezzo di ſtoja, e ſtracci di pelle di Cane: ànno in mano una lunghiſſima mazza, che ſerve loro d'arme ne' combattimenti.

LA SESTA finalmente è la Terra del Fuoco. Non ſi può vedere, nè immaginare coſa più ſpaventoſa, nè più terribile di queſta infelice Contrada. Monti, e Valli coperti fino al livello del Mare d'una neve eterna: quà, e là, ne' luoghi baſſi, ed umidi, qualche albero miſerabile, e tra le ſpaccature de' monti, e ne' valloni situati alla poventa, qualche filo di Gramigna.

GLI ABITANTI sono le Creature le più miserabili, che siano uscite dalle mani della Natura: corti, storti, magri, sudici all'estremo, ed affatto privi di coltura, e di decenza. Il colore della loro pelle è bronzino; parte sono del tutto nudi, e parte malamente coperti con qualche straccio di pelle di Balena: il loro cibo non è altro, che Pesce crudo, o Ostriche, che trovano a riva di mare sopra gli Scogli: la loro abitazione consiste in poche frasche malamente coperte con peli di animale Cetaceo. Ordinariamente, come ci dimostra la pittura, stanno sempre raccolti attorno a un piccol fuoco, che gli brucia, ma non gli scalda.

Cuncta gelu, canaque æternam grandine tecta.
Atque ævi glaciem cohibent, riget ardua montis
Ætherii facies, surgentique obvia Phœbo
Duratas nescit flammis mollire pruinas.
        Sil. Ital.

GLI ORNATI della Volta di questa Galleria sono di Greco disegno, con festoncini di fiori sostenuti da Sfingi, e da Puttini. Nel mezzo di essa si vede il celebre Pilota condotto da Minerva al Tempio della Gloria, per ivi riceverne gli onori della Corona. Varj Genj lo seguono portando un Globo, dove sono delineate le sue Scoperte: in fondo vi è il Tempo in catene, ed in alto la Fama col motto:

Descripsit radio totam qui gentibus orbem.

NE' CANTONI sopra piedestallo di Granito, quattro Statue bellissime: Apollo, e Dafne, che si converte in alloro: Venere, e Marte presi da originali Greci. Oltre le Pitture, e marmi rari sonovi ancora tavolini d'intaglio particolare; e sopra di essi, Vasi di finissima Porcellana dipinta a paesaggio color di porpora, con contorno alla Greca di fino oro; e la tanto famosa Venere detta de' Medici, e l'Antinoo copiato al naturale sopra quello, che ammirasi nel Campidoglio. Il Pavimento in fine come il restante de' mobili, tutto spira gusto, nobiltà, e magnificenza.

DANNO l'uscita a questa nobile, e allegra Gallerìa sette porte, tre delle quali guardano l'Oriente, due il Mezzogiorno, e due la Tramontana. Mettono esse in un ampia Terrazza pavimentata a disegno, e ornata di comodi Sedili, e Statue marmoree, tra le quali Apollo colle nove Muse; e negli angoli, due Leoni in atto di custodir l'Edifizio. In prospetto vi è una gran Conca di Granito, che da una rupe, ove siede la Statua di Nettunno, riceve gran copia di acqua, che per varii zampilli, e condotti per lo Giardino si spande.

ATTORNO a questa Fontana gira una Balaustrata di sopra trecento passi di lunghezza, che fa parapetto alla Terrazza, ed a' Giardini, che circondano la facciata posteriore del Palazzo, e de' Portici. In quella, che fa semi-circolo attorno alla Fontana, vi è Mercurio, che à condotto nel Monte Ida le tre Dee innanzi a Paride, perchè egli giudichi a chi debba darsi il Pomo d'oro; dal qual giudizio nacquero

le

le discordie tra Giunone, e Venere.

SONOVI poi i Busti di Omero, Virgilio, Sofocle, e Orazio, che si ritrovano insieme negli Orti di Valguarnera, come per ragionare di cose Poetiche. Di qui puranche vedesi la superba Facciata posteriore del Palazzo, divisa in due ordini di architettura, Rustico, e Corintio: le belle Statue, che la coronano; e nel mezzo il Busto della presente Principessa sostenuto da due Fame, e sotto la seguente Iscrizione:

ANNA . VALGUARNERA

VILLAM . HANC . A . FUNDAMENTIS . EREXIT

MARIA . ANNA

SPLENDIDE . AUXIT . ET . ORNAVIT

A. D. M. DCC. LXXXV.

NE' DUE lati della Terrazza si stendono per diversi, e bene intesi viali, i Giardini, essi pure ornati di Statue, Fontane, Spalliere di Agrumi, ed arabeschi di Bossoli smaltati d'una quantità prodigiosa di vaghissimi fiori.

MA ciò che sopratutto rende singolalare questa Villa si è la dolcezza, e salubrità del Clima, il Cielo sempre ridente, la perpetuità della Primavera, che regna nelle Piante, e negli Alberi; e la situazione, ed altezza vantaggiosa del sito, da cui per ogni dove, e da Balconi del Palagio, e da Giardini, e Terrazze si presentano all' occhio maravigliose vedute, ed infinitamente fra loro diverse; poichè tutta la Campagna circonvicina, il colle, ed il piano, il domestico, ed il selvatico, tutto scherza gentilmente insieme.

RESTANO sotto dell' occhio delineate, come in una Mappa Geografica, le famose Ville, Barchi, e Giardini del Principe di Butera, del Duca di Villarosa, Monsignor Galletti, Cattolica, Aragona, ed altre moltissime della primaria Nobiltà Siciliana: che in ognuna di esse veggonsi risorgere le magnificenze degli Scauri, e dei Luculli.

DA QUESTI Giardini, e luoghi di mirabile aspetto, si sale ad una Collina per mezzo di varj, e dolci viali ombrati da alberi di Manna, Mandorli, e Pistacchi; e sempre profumati

da

da quantità di Dittamo, Timo, Amenta, ed altre erbe aromatiche: e di distanza in distanza forniti di sedili per comodo di chi vi ascende. Prima di arrivare alla cima s'incontra una Grotta, dentro della quale vi è dipinta dal fresco pennello di Giuseppe Crestadoro la Favola d'Aci, e Galatea assisi alle falde dell'Etna: in distanza vedesi il Mare, e Cupido, che scherza sopra un Delfino. Fuori della Grotta, sopra di una rocca così fatta dalla Natura, giganteggia la Statua di Polifemo in atto di suonar la Sampogna; ed in un lato della rocca si legge la seguente Ode uscita dall'aurea penna del chiarissimo Metastasio, e che tanto fa a proposito al nostro Sogetto.

Se, scordato il primo amore,
   Il furore in me si desta,
   L'onda, il monte, e la foresta
   Di ruine avvolgerò.
D'Etna ancor la cima ardente
   Crollerò fra tanto sdegno,
   E a Nettun nel proprio Regno
   Il Tridente involerò.

USCITI dalla Grotta si trova una scalinata con parapetto dai lati, che le serve di difesa; e per varj ripiani conduce in cima della Collina, che termina in un ottangolo con sedili all'intorno. Nel mezzo, sopra diversi gradini, posa un piedestallo; ed in cima la Statua d'Urania, che con Telescopio in mano mostra d'osservar le Stelle.

ANCHE da questo luogo eminente, e isolato, girando l'occhio all'intorno, si scorgono in maggior numero, e in maggior lontananza quantità di Paesi, Città, Terre, Villaggi, e Isole distantissime. Si vedono le Città di Monreale, e Palermo coll'intero suo Golfo; Termini, Cefalù, Capo d'Orlando; l'Isole di Ustica, Lipari, Vulcano, e l'altiera fronte dell'Etna, che col suo perenne fumo, e fuoco và a perdersi dentro le più alte nubi. In una parola sono tante, e diverse le vedute di questo luogo così elevato,

Che non l'esprimeria lingua, nè penna;

ma soltanto vi vorrebbero i pennelli divini di Rubens, e di Tiziano.

F I N E.

Printed by Libri Plureos GmbH in Hamburg, Germany